L'Ère Nouvelle

France
et
Angleterre

PAR

H. BELLOT DES MINIÈRES
De Haut-Bailly, Léognan (Gironde)

BORDEAUX

FERET ET FILS, LIBRAIRES-ÉDITEURS

15, cours de l'Intendance, 15

1903

L'Ère Nouvelle

France

et

Angleterre

PAR

H. BELLOT DES MINIÈRES

De Haut-Bailly, Léognan (Gironde)

BORDEAUX

FERET ET FILS, LIBRAIRES-ÉDITEURS

15, cours de l'Intendance, 15

1903

L'ERE NOUVELLE

France et Angleterre

Par un coup de barre d'extrême hardiesse, Sa Majesté le roi *Le coup de barre.*
Edouard VII vient de réaliser le miracle d'avoir rapproché
Anglais et Français; deux peuples que haines vieilles de dix
siècles et outrages, parfois sanglants, semblaient devoir sépa-
rer à jamais.

Bien gros l'enjeu de l'aventure : un coup de sifflet, une
tomate, et l'œuvre du roi va s'effondrer!

Le roi arrive et sait qu'à *pile* ou *face* va se jouer la destinée
de ces deux nations.

Cédant à une irrésistible impulsion, il tend la main à la
France. Le geste est si naturel, le regard si franc, la voix si
juste, qu'il tourne *face!*

La France, désarmée, *oublie tout, tout,* et presse, à son *Réconciliation.*
tour, la main de l'Angleterre.

Quand la France rend sa visite, elle est reçue par le roi,
entouré de toute la famille royale et de tous les dignitaires
de l'empire. Sa Majesté la conduit dans un des deux palais
de la couronne.

A la table du roi, où ruisselle la vaisselle d'or et s'étalent *La France*
toutes les munificences de la cour d'Angleterre, la France *en Angleterre.*
occupe la place d'honneur : à sa droite, cette sœur de charité,
cette âme si digne, cette femme aux suprêmes élégances et à

l'inaltérable beauté qu'est la reine d'Angleterre; à gauche, l'héritier de la couronne.

Quand Elle sort, des voitures de gala l'attendent; les tambours battent au champ et les horseguards l'escortent. La foule s'incline, mais n'acclame pas encore.

La Cité. Enfin, l'heure décisive sonne : le banquet que la Cité offre à la France; Cité qui est le berceau de l'Empire britannique, de l'émancipation des Communes et de la liberté parlementaire, de la liberté de la presse, de toutes les institutions qui ont servi à édifier le monde moderne.

Avec un faste inconnu, la Cité entend traiter la France.

Tout le long de la route que suivra son cortège, l'armée anglaise est échelonnée, et cinq millions d'âmes formeront la haie.

John Bull. Quand la France apparaît, que la foule a, cette fois, bien conscience de la portée qui s'attache à l'œuvre de son roi, John Bull, la véritable incarnation de l'Angleterre, du duc au rough en passant par le bourgeois, John Bull entre en scène. Jusqu'à ce moment, John Bull n'avait rien dit.

Inkermann. Tout à coup, débordant d'enthousiasme, John Bull acclame La France, qui, sous *Dupuy de Lôme*, détenait ces records, et, se rappelant, pour la première fois depuis cinquante ans, *la nuit d'Inkermann*, où dix mille lions conduits par Bosquet s'élancent au secours de dix mille léopards que cernaient vingt mille éléphants, John Bull embrasse la France; et l'écho de ce baiser se répercute dans toutes les chancelleries pour annoncer qu'il y a désormais quelque chose de nouveau sous le soleil!

Le banquet. Précédée des hérauts d'armes et des trompettes de la Cité, la France fait son entrée dans la salle du banquet; trouve pour lui faire honneur toute la famille royale et les plus grandes illustrations de l'Angleterre; car rien n'a été négligé par le roi pour donner à cette réception le caractère d'un *manifeste* signé par Sa Majesté Edouard VII et contresigné par tout son peuple!

L'heure des toasts étant venue, frénétiques hourras les accueillent et servent de baptême à l'œuvre du roi Edouard et des ouvriers qui, des deux côtés de la Manche, essaient de *combler ce détroit.*

Notre région du Sud-Ouest, qui ne vit que par le vin et les eaux-de-vie, ne pouvait pas, à moins d'être sourde et aveugle, se tenir à l'écart du mouvement provoqué par le roi et supporté par légions d'Anglais et de Français; aussi, a-t-elle constitué un Comité destiné à donner corps et âme à tout ce qui peut favoriser le rapprochement anglo-français.

Le 2 août dernier, à Podensac, sous la présidence d'un vrai apôtre, M. Jean Dutrénit, s'est tenu un meeting fort imposant. Thomas Barclay, un autre apôtre, y est venu prêcher l'évangile nouveau. Sénateurs, députés et vignerons l'ont imité. Bref, tout a été dit et fait pour poser les premières assises de l'Edifice.

Chacun est convié à y apporter sa pierre; parce que, pour nous tous, propriétaires, négociants, courtiers, marins et ouvriers de la ville et des champs, cette œuvre peut aider à la résurrection du pays et surtout à celle de la Gironde.

J'offre la mienne. Point de mousse dessus. Depuis trois quarts de siècle je la roule; la voici :

Une ère nouvelle s'ouvre. Par une mystérieuse lumière, celle du *radium*, l'aube en semble éclairée.

C'est notre vieux monde pris à rebours.

En ce radium, sorte de pierre philosophale qui rappelle la transmutation des alchimistes et fournit, simultanément, un exemple du mouvement perpétuel, s'harmonise — en un tout qui confond nos plus illustres maîtres — l'ensemble de tous les phénomènes, de toutes les hypothèses qui portent à mettre aujourd'hui en doute la conservation de la matière, de l'énergie et de l'électricité, et à admettre, au contraire, la *dissipation incessante* de cette matière, de cette énergie, de cette électricité.

Dans un *gramme* de ce corps mystérieux, sans fin ni commencement, dû à une femme de génie, Mme *Curie*, gît une source de chaleur capable d'élever, en mille ans, un poids de *500 tonnes* à un mille de hauteur : 1,609 mètres!

Dans un *kilogramme* de radium est donc enfouie une énergie de *milliards* de chevaux!

Que cette décomposition lente soit ramenée à une décomposition illimitée, *mais contrôlable*, la face du monde est changée : la distance est supprimée, les frontières sont renversées, des canons portent à mille lieues; tout le système politique, économique, industriel, commercial, agricole, maritime s'engouffre dans l'oubli pour faire place à un monde nouveau où l'on voit enfin se confondre en une seule famille, animée d'un même amour, celui de la *fraternité*, les deux races qui, depuis que la Terre tourne, divisent en deux l'humanité : les bêtes de proie et les bêtes de sommeil)

Cette excursion au pays des merveilles était indispensable. Sans elle, je ne pouvais pas évoquer le témoignage du phéno-

Le Congrès de Podensac.

L'ère nouvelle. Le radium.

mène le plus mystérieux qu'aient jamais enregistré les annales de la Science, pour expliquer comment la conception d'une dispersion de la matière, de l'énergie et de l'électricité venait — révolution autrement profonde que celle de 89 — transférer des mains des *César*, des *Philippe II*, des *Alva*, des *Ximenès*, des *Gonsalves*, des *Richelieu*, des *Bismarck*, l'art magique du *Regere Imperio Populos* dans celles des *Laboratoires!*

Avant de faire un pas de plus, j'entends déclarer, en termes qui ne peuvent prêter à *aucune autre interprétation*, que la politique n'a pas plus à voir dans cette discussion que dans une des stupéfiantes équations que résout Poincaré quand il fouille les causes auxquelles on peut ramener une perturbation survenue dans la mécanique céleste.

Pas plus affaire que dans une *expertise* pratiquée par trois courtiers assermentés qu'un tribunal a commis pour apprécier la valeur de marchandises détériorées dans un incendie.

Ce que je me propose de démontrer, c'est que la Science, petit à petit, non seulement n'est plus la *vassale de la Politique*, mais, qu'au contraire, de plus en plus *elle l'asservit;*

Que la direction des peuples, la richesse des nations ne dépendent plus de combinaisons plus ou moins machiavéliques appuyées de coups de canon, de formules, d'abstractions, de credo, de symboles, d'emblèmes, de couleurs plus ou moins blanches, rouges ou bleues, même noires, mais *d'équations;*

Que la Puissance, la Richesse appartiennent désormais au peuple qui saura fournir *la plus grande somme de travail par jour* et *résoudre le plus d'équations;*

Que M. Chamberlain ou tout homme d'Etat qui vient se *buter* contre la *donnée scientifique*, ne produira qu'œuvre mort-née;

Qu'il en est de même pour toute agriculture, toute viticulture, toute industrie, tout commerce, toutes finances qui ne prennent pas pour base la donnée scientifique;

Que M. Chamberlain, dans son projet, du commencement à la fin, jette un défi à cette donnée scientifique;

Qu'au contraire, le roi Edouard en est l'esclave et n'a donné son coup de barre que parce qu'il s'en est inspiré;

Que la crise avec laquelle France et Angleterre sont aux prises, n'a pas d'autre origine qu'une indigestion de paresse et de routine;

Enfin que la France est, à la fois, l'alliée, la nourrice naturelle et le ravitailleur de l'Angleterre, et que si la France veut faire peau neuve, comprendre l'immensité de ses ressources, elle peut être la nation la plus favorisée du globe.

Voilà ce que je me propose de démontrer, d'appuyer par exemples qui se touchent du doigt, se voient des yeux et par déductions que je m'efforcerai de rendre aussi claires que peu soporifiques.

Voyons ce que peut produire de miracles *une simple heure de travail par jour*.

Ce que peut faire une heure de plus de travail par jour.

Il y a quelques années, les Etats-Unis se sont imaginé de fournir une heure de plus : demi-heure le matin, demi-heure le soir.

Tous, du milliardier au plus modeste ouvrier, prennent cette résolution.

Aussitôt, comme par enchantement, agriculture, commerce, industrie, finances, marine, politique extérieure, se transforment, et une prospérité, sans exemple dans l'histoire d'aucun peuple, est le fruit de cette résolution; prospérité qu'entretient le *culte de l'équation à outrance*.

Passons à l'équation :

Qui donc ignore qu'à ses universités l'Allemagne, écrasée après *Iéna*, doit *Leipzig* et le coup du lapin qu'elle nous donne à Waterloo.

Relèvement de l'Allemagne par ses savants.

Qu'à ses *maîtres d'école*, Molke l'a cent fois répété, elle doit 1870.

Qu'à ses milliers de chimistes, d'ingénieurs, de professeurs, qui répandent l'instruction professionnelle sans en exclure l'étude des lettres grecques et latines, l'Allemagne doit sa suprématie industrielle, le développement inouï de son commerce et de sa marine marchande et la création d'une marine militaire qui commence à épouvanter l'Angleterre.

Ses unités de combat sont de vraies merveilles et deviennent de jour en jour plus nombreuses.

Ses longs-courriers lui font détenir le record du tonnage, de la vitesse et de la somptuosité.

Après, viennent l'Angleterre et la France.

La France, qui, sous *Dupuy de Lôme*, détenait ces records, n'arrive plus qu'en troisième. Faute de deux points, elle les a perdus. Un seul même aurait suffi; puisque pour un, Martin perdit son âne; c'est Lafontaine qui l'a dit.

Le commandement de la mer échappe à l'Angleterre. La balance en est rompue par l'appoint que la flotte allemande vient apporter à celui de la France, de la Russie, des Etats-Unis et de l'Italie.

Chaque fois que le kaiser lance un nouveau vaisseau de guerre et, simultanément, ordonne la construction d'un autre, l'Angleterre sent qu'un lambeau de sa chair vient de lui être arraché!

L'histoire d'*Essen*, vraies forges de Vulcain, demanderait un Goëthe pour raconter les luttes, les tortures et les péripéties des trois générations de Cyclopes qui, aidés de leur *soixante mille ouvriers*, ont fini, grâce à l'équation, par forger cette huitième merveille du monde qui s'appelle l'*Usine Krupp*.

L'histoire de Hambourg, cette cité qui, chaque jour, se dresse plus menaçante pour disputer à celle de Londres l'empire du commerce et de la mer, tient tellement du merveilleux qu'on la prendrait pour un chapitre des *Mille et une nuits*, si les trente et quelques milliers de navires qui, chaque année, entrent dans son port et en sortent, ne venaient pas prouver, une fois de plus, la sagesse de ce vieux mot anglais : « Que le commerce suit les cervelles. » *(That the trade follows the brains.)*

Voilà exemples qui prouvent, combien d'autres n'en pourrais-je pas citer, que je suis autorisé à dire : Que si la force prime le droit, la Science prime aujourd'hui le *Regere Imperio Populos.*

M. Chamberlain se heurte contre la donnée scientifique.

Voyons rapidement par quels côtés M. Chamberlain vient heurter la donnée scientifique.

Avant, je tiens à dire que je professe pour M. Chamberlain la plus vive admiration.

D'un apôtre, il a toutes les flammes;

D'un César, le courage et les ambitions;

D'un Danton, les audaces;

D'un Chattam, l'éloquence et la popularité.

Il lui faut les foules houleuses; les masses qui demandent *des émotions et non des raisons.*

Il les cajole et les caresse : le temps de leur passer le mors.

Quand il les a bien dans la main, il donne ses leçons de haute école; puis, tout d'un coup, sans crier gare, il leur bondit en croupe; cingle la chevauchée; la mène à l'assaut de l'empire, et malgré ses soixante-huit ans, avec la vigueur d'un jeune, plante son drapeau aux applaudissements d'une Angleterre grisée par les visions de ce grand magicien!

C'est vraiment un homme de génie, et je ne lui ménage pas mon tribut d'éloges bien qu'en ceci je sois son adversaire.

Mais je le combattrai avec la courtoisie d'un vieux Français de Fontenoy et n'ai voulu commencer à ouvrir mon feu qu'après le sien.

M. Chamberlain se bat contre des lois d'optique physique.

Je lui crie, à mon tour, qu'il combat certaines lois inéluctables d'optique physique quand il n'entend demander qu'à ses colonies les quatre cinquièmes des produits dont l'Angleterre a besoin pour sa subsistance, et qu'il oublie que la France et l'Angleterre étant placées sous les *mêmes longitudes*, l'une des deux est forcément au *nord* de l'autre et, par conséquent, que l'incidence de la radiation qui baigne l'Angleterre, doit être *toute différente* de celle qui baigne la France.

Or, si cette incidence n'est pas favorable à l'abondance et à la qualité des cultures; si l'étendue du territoire *n'est pas en proportion de la population*, et si le contraire existe pour la France, celle-ci étant, en outre, la plus *proche voisine* de l'Angleterre, en est tout naturellement *la nourrice et l'alliée*.

En un mot, nulle puissance humaine, nul Parlement ne peuvent faire que la France et l'Angleterre ne soient pas condamnées, par lois inéluctables et par l'affinité de leur génie qui se complète l'un par l'autre, à se mouvoir dans le *même cycle*, sans que l'une soit, cependant, le satellite de l'autre, et à vivre enfin comme *deux sœurs* et non comme fauves toujours prêts à s'entre-dévorer!

La *Suède* et la *Norvège*, l'*Espagne* et le *Portugal*, qui sont placés, au contraire, sous les *mêmes latitudes* et n'en occupent qu'un certain nombre de degrés, *vivant sous la même incidence* et se trouvant par conséquent avoir les mêmes produits, n'ont rien à interchanger.

De ces faits se dégage donc cette loi que je formulai dès 1848 :

De l'influence de la nature du sol, de sa contenance et de l'angle sous lequel y joue la radiation, sur les rapports qui doivent exister entre les nations, surtout des nations voisines.

L'entente cordiale de 1842, ébauche de l'alliance définitive qui eût été conclue entre la France et l'Angleterre sans l'histoire des mariages espagnols, ne fut inspirée que par cette notion-là.

C'est parce que le roi Edouard VII est le digne continuateur de son père, le prince Edward, homme à conceptions vraiment puissantes, et de sa mère la reine Victoria, à qui l'Angleterre doit *un siècle*, qu'il s'est inspiré de cette loi et a donné le coup de barre destiné à rapprocher nos deux nations et en faire, non seulement *deux associées*, *mais deux amies toujours prêtes à voler au secours l'une de l'autre*.

M. Chamberlain livre encore bataille à la géographie quand il touche à l'harmonie qui, pour le moment, existe entre le *Canada* et les *Etats-Unis*.

Il n'ignore pas — car ce n'est jamais par ignorance mais par enthousiasme que M. Chamberlain pèche — il n'ignore pas

De par lois inéluctables la France est la nourrice et l'alliée naturelle de l'Angleterre.

Loi de l'influence du sol, de son étendue et de la radiation sur les rapports entre les peuples.

M. Chamberlain se bat contre la géographie.

que, de l'Atlantique au Pacifique, chacun de ces Etats est, *tour à tour, la lisière de l'autre*, et que milliers d'intérêts, chemins de fer, télégraphes et téléphones; nécessité de *charger réciproquement*, selon la saison, leurs *produits d'exportation* dans certains ports de l'Atlantique, en font deux *frères Siamois*, qu'une moindre imprudence pourrait pousser à n'en vouloir *faire qu'un*.

Phénomène de dissociation entre la descendance et les ancêtres.

Je lui prouverais, si le cadre restreint de cette étude ne me forçait pas à une concision à la Tacite, que le règne végétal et le règne animal vivant biologiquement de la même façon, les mêmes écarts d'incidence, — qui font qu'un sapin se complaît en Suède et un palmier ou un poivrier sous les tropiques et qu'un Suédois est *blond* et un habitant du Congo est *noir*, — produisent, dès la première génération, un *phénomène de dissociation entre la descendance d'un immigrant et la nationalité de l'ancêtre.*

Nulle exception à cette règle.

Un citoyen des Etats-Unis, en dépit du fameux *The Blood is thiker than water*, n'accepte pas plus d'être pris pour un Anglais qu'un Anglais pour un Américain.

Toutes les colonies espagnoles n'ont successivement lâché l'Espagne, dont cependant elles ont conservé la langue, la religion et les coutumes, que parce qu'elles obéissaient à cette loi de dissociation.

En Algérie, les petits-fils des Algériens s'appellent *Africains;* ce qui aurait fait bondir d'indignation leurs grands-pères!

Au Cap, le fils d'un Anglais ou d'un Hollandais y devient an *Afrikander.*

Partout, il en est de même.

En Australie, au Canada, dans l'Inde, il y a des Australiens, des Canadiens, des Indiens, non des Anglais.

Un nom n'est rien; parfois c'est tout.

M. Chamberlain tente d'enchaîner l'esprit humain.

M. Chamberlain vient encore violer bien des lois quand il tente d'*enchaîner l'esprit humain;* besogne bien dure pour tout mortel. Fait-il cependant autre chose quand il veut insérer dans son programme cette clause : que les colonies « s'engageraient à ne pas fabriquer certains produits que l'Angleterre se réserverait le droit de *leur fabriquer,* avec les propres matières premières fournies par les colonies »?

Mais, c'est un défi jeté au génie de l'homme!

Voici un Australien qui, éclairé par une lampe autrement merveilleuse que celle d'Aladin, découvre le secret de puiser dans la radiation les mêmes couleurs qu'étale ce tableau suspendu dans les cieux, l'arc-en-ciel.

Dans ce bain de couleurs célestes, il plonge les laines d'Australie et les en retire vêtues de teintes auprès desquelles celles des scarabées, des oiseaux du paradis, des fruits dorés, des cactus éclos sous les tropiques, même celles de certaines vierges, sont bien pâles ou fanées; et, en vertu de cette clause, cet homme de génie n'aurait pas le droit de teindre les laines de son pays et devrait les envoyer en Angleterre pour y subir les vieilles teintures et, après, être convertis en chaussettes ou en vilains draps?

Que fait ce jeune? Il porte son invention aux Allemands ou aux Américains qui le couvrent d'or et d'honneurs; car, là, le génie est honoré.

Ou il ameute ses camarades; leur apprend à maudire le pacte qui asservit jusqu'à leurs cervelles; s'écrie que la génération qui les a précédés n'avait pas le droit d'*engager la leur;* qu'ils ne *furent pas partie à ce contrat*, révoltant outrage au génie de l'homme; les cerveaux se montent; on arrache un piquet; on y attache un drapeau et une insurrection commence.

Ce qui aboutit fatalement à une insurrection et après à la sécession.

Entraîné par son enthousiasme endiablé, M. Chamberlain ne s'est pas contenté de vouloir enchaîner la pensée, il a tenté, en compagnie de ses deux rivaux, l'Allemagne et les Etats-Unis, de supprimer un de nos *sept sens, le goût.*

M. Chamberlain veut supprimer un des sept sens : le goût.

S'imaginer qu'un gourmet, qui a 100,000 livres de rentes, voudra *s'astreindre, par patriotisme,* à préférer à une grasse poularde de la Bresse ou du Mans, ou à un succulent filet d'un bœuf de Normandie ou à une selle d'un *pré-salé de Bretagne,* à un saumon de la Dordogne, à un fruit de la Touraine ou de l'Isère, à un incomparable Roquefort, à préférer volailles, viandes, fromages et fruits apportés de 3 à 4,000 lieues par des *réfrigérateurs,* c'est déjà mal naviguer dans le pays des combles; mais où M. Chamberlain dépasse les limites de l'absurde, c'est quand il suppose que ce patriotisme portera ce gourmet jusqu'à boire du bleu d'Australie ou de Californie pour faire couler sa poularde truffée; qu'il empruntera aux cognacs des colonies, la fine champagne qu'il hume après son café, et que lorsque ce gourmet a l'honneur de recevoir le roi, il remplira les coupes avec des vins mousseux récoltés en South Wales ou sur les coteaux des montagnes Rocheuses et non sur ceux d'*Ay* et de *Bouzy.*

Même Denys de Syracuse n'aurait pas osé aller jusque-là; et je ne crains nullement de dire à Anglais, Allemands et Américains, que si la France veut s'en mêler, *tout est là, nulle barrière* n'empêchera pas plus nos inimitables produits d'entrer dans l'estomac des trois ogres et surtout dans le *ventre de notre nourrisson*, qu'un bâton n'arrêtera le flux et le reflux de l'Océan.

M. Chamberlain pèche contre la Science quand il combat le libre échange.

Je crois encore que M. Chamberlain pèche contre la Science, quand il préfère au libre échange la bestiale doctrine du protectionnisme; doctrine qui finit toujours par faire payer aux *bêtes de somme ce qu'empochent les bêtes de proie.*

J'espère, pour le bonheur de l'Angleterre, que, se souvenant de ce vieux proverbe : qu'*il faut qu'une porte soit ouverte ou fermée*, — d'où Musset tira un des plus ravissants bijoux que possèdent les lettres françaises, — elle ne la tiendra même pas entre-bâillée; mais l'ouvrira toujours à deux battants; politique aux longs regards qui lui a valu, depuis soixante ans, l'empire de la mer et celui du commerce, et la vie 12 0/0 meilleur marché qu'en France ou en Allemagne.

Examinons maintenant quelle est la situation que crée à la France la résolution bien arrêtée par les Etats-Unis, l'Allemagne et l'Angleterre, si le protectionnisme y triomphait, de *se suffire à eux-mêmes;* soit, en bon français, de ne demander qu'à leur territoire ou à celui de leurs colonies, et qu'à leur industrie et à celle de leurs possessions d'outre-mer, tout ce qui est nécessaire à leur existence.

Plus, bien entendu, de faire avaler, de gré ou de force, le *surplus de leur production* aux plus faibles; jeu, je répète le mot, dont *les bêtes de somme finissent toujours par payer la cagnotte.* Voici comment :

Le truc du Dumping.

Le truc, dans l'argot anglo-saxon, s'appelle « *The Dumping* ». Il consiste en ceci et est basé sur cette vérité rudimentaire : que plus une échelle de production est vaste, moins élevés en seront les frais de fabrication.

Prenons un fabricant de souliers qui en vend 40,000 paires à 10 francs, sur lesquelles il ne peut gagner qu'*un* franc, vu le prix de revient : *9.*

Mais, s'il modifiait son outillage et achetait la nouvelle machine X... 10,000 francs, il pourrait en fabriquer 60,000 paires qui ne lui reviendraient qu'à 7 francs.

Que fait-il? il achète la machine; sur les 40,000 paires il gagne 3 francs : $40,000 \times 3 = 120,000$.

Il vend les 20,000 autres *à prix coûtant, 7 francs;* donc, *ne gagne ni ne perd rien sur ces 20,000;* mais tue, d'abord, ses concurrents — les petits et les faibles — qui, à *7 francs,* seront *en perte de deux,* puisque la paire de souliers leur revient à *9 francs.*

Ce n'est pas tout.

Il ne vend pas ces 20,000 à ses compatriotes, — pas si bête, cela ferait baisser les prix des 40,000 chez lui, — il porte son *Dumping à l'étranger.*

De telle sorte que ses compatriotes n'ont nullement profité de l'économie réalisée sur le prix de revient et sont roulés par les bêtes de proie.

En réalité, le *Dumping* c'est le cheval qui, dans les courses, fait le jeu du favori; et, en industrie, le *truc* qui fera payer plus cher à la bête de somme ce qu'elle aurait eu à prix modéré sans le *Dumping*.

Un beau jour, grâce au Dumping, les canons partiront tout seuls.

Les Etats-Unis ont déjà commencé à réaliser leur pro-gramme.

L'immensité de leur territoire dans le sens longitudinal et latitudinal, la richesse de leurs gisements miniers; leur posi-tion géographique qui les met à cheval sur l'océan Atlantique et Pacifique, leurs innombrables lacs, fleuves, rivières et cours d'eau; leur gigantesque réseau de chemins de fer et leur incroyable passion pour le travail se prêtent admirablement à la réalisation de leurs rêves.

Du Canada au sud de la Floride, la radiation joue sous un angle si large qu'il embrasse, sauf celles des tropiques, toutes les cultures.

Les Etats-Unis, en sus des céréales, foins, légumes, co-tons, etc., produisent pour près d'un *milliard* de fruits vendus sous toutes les formes.

Leur système d'irrigation est si admirablement conçu et pra-tiqué sur telles proportions que, bientôt, toutes leurs régions incultes seront converties en terres propres à certaines cul-tures : l'*alfa*, par exemple, et certains autres produits qu'ils demandaient à l'étranger.

Bureaux d'informations, installés dans tout centre de quel-ques milliers d'âmes seulement et reliés à tous les autres centres de l'Union par télégraphes et téléphones, permettent à quiconque veut connaître la situation d'un marché ou d'un article quelconque au point de vue des stocks ou des man-quants, de l'offre et de la demande, d'être instantanément ren-seigné, de travailler en pleine lumière et non au hasard.

L'instruction technique y règne en maîtresse ainsi que l'équation.

L'Allemagne est loin d'être placée en conditions aussi admi-rables.

Un sol en général peu riche et souvent très pauvre, et une

*Les Etats-Unis
commencent à réaliser
ce programme
de se passer
de tout le monde.*

*L'Allemagne
ne peut pas le faire
aussi aisément
et ils ont peur
des plants greffés
et des bouillies.*

radiation, qui est peu favorable à la culture des fruits, condamnent l'Allemagne à demander les deux cinquièmes de sa subsistance à l'étranger.

Autrefois, elle nous achetait beaucoup de vins et beaucoup d'eaux-de-vie.

Aujourd'hui, plus elle voit que nous plantons du greffé et répandons de bouillies, moins elle nous en prend; parce que ses savants ont fini par voir où mènent ces singulières pratiques.

Elle a si bien peur du greffage et des bouillies qu'elle vient de se livrer à des enquêtes très sérieuses, dirigées par un de ses inspecteurs d'agriculture, pour savoir où ont abouti en France greffage et bouillies.

La communication à l'Académie des Sciences de M. Posternak les a mis en garde.

Elle a compris tout ce que comportait de dangers la communication faite à l'Institut par M. Posternak sur les troubles profonds apportés par les bouillies au libre jeu de la fonction chlorophyllienne.

L'Allemand ne s'emballe jamais. Il écoute, pèse, et sans se préoccuper de questions personnelles, de sentimentalité, quand une vérité le frappe, il s'empresse d'en tirer tout le parti possible au lieu de l'étouffer.

Avant d'arracher son vignoble de la Moselle ou du Rhin et d'y substituer du greffé, il veut tirer au clair la chose; de même pour les bouillies. Maintenant que les Allemands ont été *mis en garde* par les travaux de Posternak, ils vont s'empresser d'élucider la question, et nulle considération humaine ne les empêchera de s'arrêter à ce que la donnée scientifique et le fait leur auront mis sous les yeux.

Le génie de ce peuple condamne à l'admiration même ses plus acharnés adversaires!

Sa ténacité, sa passion pour l'étude et le travail étonnent même ses rivaux anglais et américains.

Tout s'y passe sans bruit. La blague n'y fait pas prime. Même en s'amusant, le dimanche, l'Allemand est silencieux. Un jour de fête, on fait plus de boucan en France dans trois auberges et trois cafés que dans toute l'Allemagne pendant *un siècle!*

Par un exemple, vraie leçon de choses qui devrait être affichée aux quatre coins de toutes les rues de France et récitée trois fois par jour par chaque Français, nous allons montrer à quel degré de perfection est arrivé leur outillage industriel technique et pratique.

William Ramsay, d'Université Collège (Londres), raconte ainsi une entrevue qu'il vient d'avoir avec le directeur d'une fabrique de produits chimiques de la Prusse rhénane.

Cette usine ne livre aucun produit qui ne peut pas se débiter par moins de 100 tonnes; point à noter, lui disait ce directeur, parce que si elle *achevait ces dits produits*, ce n'est pas soixante-quinze chimistes qu'elle aurait, mais un bien plus grand nombre.

« Vingt-cinq de ces chimistes sont employés, ajoutait ce directeur, à analyser nos matières premières, leurs intermédiaires et les produits bons à livrer.

» Vingt-cinq autres sont occupés à surveiller nos produits de fabrication.

» Et les vingt-cinq derniers ont pour mission de ne *s'occuper exclusivement que de travaux purement scientifiques*, c'est-à-dire :

» De recherche les moyens d'améliorer nos procédés de fabrication et de trouver dans leurs propres cervelles des suggestions nouvelles ou de les puiser dans les découvertes que viennent soumettre à notre Compagnie des inventeurs de tous les pays. »

Après avoir expliqué à Ramsay d'où ils tirent ces chimistes et les séries d'épreuves auxquelles ils les soumettent avant de les engager, il lui montrait les splendides situations faites à ces savants, dont certains, parmi les vingt-cinq derniers, arrivent à toucher *25,000 francs*, et quelquefois plus, parce qu'ils ont tant pour cent dans les bénéfices.

« De plus, ces chimistes sont attachés, comme professeurs, à des *Universités;* de telle sorte, qu'après avoir travaillé le matin à l'usine, quand ils vont *faire leur cours*, ils renforcent leurs leçons, disait encore le directeur, de tout ce que leur a fourni la donnée expérimentale; et que lorsque, le lendemain, ils reviennent à l'usine, ils se présentent enrichis de tout ce qu'ils ont souvent glané par leur contact avec leurs collègues de ces Universités. »

Dans une autre usine, on compte quatre cent dix chimistes!

Quand un peuple fait une si grande place à la science et au savoir; permet simplement aux ânes de braire mais non d'ânonner, soyez donc surpris que pendant que le Français crie : « A Berlin! » l'Allemand soit déjà à Paris!

Comme le tableau de cette usine n'est que l'image de tous les autres centres industriels, il est facile de comprendre pourquoi l'Allemagne est *en avance* de trente ans sur la France et de vingt-cinq sur l'Angleterre pour tout ce qui est outillage technique et pratique.

Quoi d'étonnant encore, que, dans des conditions pareilles, les Etats-Unis et l'Allemagne songent à se passer de tout le monde, tout en manœuvrant de façon à ce que personne ne puisse se passer d'eux!

L'Angleterre, au contraire, par l'exiguïté et la nature de son sol arable, par l'angle sous lequel y joue la radiation incidente, a besoin, pour boire, manger, se vêtir, fabriquer, naviguer, vivre, en un mot, l'Angleterre a besoin de tout le monde.

Mais c'est à son éternel honneur : si l'Angleterre a besoin de tout le monde, le globe entier a besoin d'elle.

C'est l'Angleterre qui, la première, porta la torche dans les ténèbres du Moyen-Age pour éclairer les premiers pas du monde moderne que, depuis huit siècles, son génie n'a cessé de guider.

L'histoire de l'Angleterre, liée à quelques pages de la nôtre, est celle de la civilisation.

Dans le domaine de la pensée, en souveraine, avec la France, elle règne.

Elle est l'asile où tout proscrit, quelle que soit sa foi politique ou religieuse, trouve sécurité.

Dans le domaine économique, c'est la seule nation qui, ayant conscience de sa force, ait dédaigné les bestiales notions du protectionnisme et eu le courage, depuis soixante ans, d'ouvrir franchement ses ports à tous les pavillons et à tous les produits des autres nations sans exiger réciprocité.

Tout y est taillé sur l'image de l'Océan : l'immensité.

Voilà pourquoi nous sommes tous ses tributaires!

L'Angleterre est forcée de prendre au dehors les quatre cinquièmes de sa subsistance.

Ordinairement, elle n'a jamais que pour trois mois de vivres.

Grâce à ses portes ouvertes, c'est la nation où le *pain et les choses de la vie soient à meilleur marché!*

De même pour les matières premières, qu'elle transforme et revend à ses tributaires : nulle part elles n'arrivent à si bas prix ni en pareille abondance.

Voilà le fruit de la porte ouverte.

Le *pain cher et l'habit râpé*, voilà le fruit du protectionnisme.

Qu'importe aux apôtres de cette doctrine enrouillée, encrassée, que dix millions de vignerons aient pitance maigre, mais chère, si la doctrine leur a servi de marchepied?

Voyons maintenant quelles sont nos armes pour lutter contre les trois colosses.

Une industrie dont l'outillage *technique et pratique* deman-

derait vingt-cinq ans au moins et 1 milliard, pour être en état
d'entrer en lice avec nos concurrents.

Un outillage mécanique *démodé*.

Une industrie qui râle sous la botte de l'industrie allemande.

Un commerce qui agonise.

Une marine marchande qui ne peut pas marcher sans sub-
ventions, et primes scandaleuses accordées à Compagnies, à
constructeurs, à armateurs, et sans le monopole d'un cabo-
tage qui met à la discrétion de la marine notre agriculture et
notre industrie.

Pour ports, mares à crapauds où ne peut pas faire escale
le *navire moderne :* celui de 5,000 à 15,000 tonnes.

Une agriculture outillée comme du temps de Dagobert; agriculture à laquelle il manque 5 millions de bras; parce que le
Français, du duc à l'ouvrier de la ville et des champs, ne *fait
plus d'enfants :* le duc, pour mieux établir son fils unique; l'ouvrier, pour s'acheter une bicyclette, de l'Elbeuf et faire du
sport.

Déification du *biceps* et de l'*acrobatie* qui aboutit à avachir
les cervelles et à distraire de l'atelier, du comptoir et des
champs, masses de bras qui seraient autrement mieux employés à battre le blé ou l'enclume que le pavé!

Une viticulture qui est sur la paille.

Capitaux qui fuient l'agriculture, l'expression de la *vraie
fortune* et du *revenu réel*, pour aller courir après le *revenu
supposé* et bêtement s'engouffrer dans la poche de monteurs
de coups ou dans les coffres-forts de gouvernements étrangers
qui, à l'aide de l'*épargne* française, améliorent leurs finances,
leur outillage agricole, viticole, commercial, industriel et maritime, afin de *mieux nous fermer leurs portes et nous récom-
penser* de leur avoir *ouvert nos poches!*

Enfin, le rat des champs méprisé par le rat des villes.

Voilà le passif.

Voici l'actif :

Un *paradis terrestre* dont les flancs sont gardés par de
hautes montagnes et les côtes baignées par les eaux de trois
mers.

Trois fleuves, aux rives enchantées, s'y déroulent et se re-
plient comme de longs serpents.

Une radiation chaude y mûrit l'olive, l'orange et le raisin,
en dore les fruits savoureux et les riches moissons.

Sur ses coteaux s'étalent des vignobles où le bourgeon de
France, le bourgeon aux pampres verts que nous légua Noé,

*Préséance, en France,
du biceps
et de l'acrobatie
sur les cervelles.*

*Par contre,
Actif de la France.*
—
Paradis terrestre.

envoyait à la pressée, avant que greffage et bouillies en eussent souillé la race, la feuille et le fruit, ces légendaires ambroisies qu'à prix d'or se disputaient dieux, déesses et Crésus!

Des sources — lacs, étangs, rivières et canaux — qui pourraient l'arroser comme un jardin des Maures, si l'on savait y pratiquer l'irrigation comme aux Etats-Unis.

Un sol qui, sous le même angle de la radiation incidente, n'a de *similaire nulle part*; faveur d'immesurable importance.

De rare succulence est la chair de ses animaux, de son gibier, de ses volailles, de ses légumes et de ses fruits. Non moins exquis sont ses beurres et ses fromages.

Pour le peupler, le Créateur fit de la France une nation de soldats, de laboureurs et de savants.

Il en fit encore la terre des grands revers et des grandes victoires :

Après Rosbach, Marengo, Austerlitz.

Après Waterloo, Malakoff, Magenta.

Après 1870... la France attend encore!

Le salut de la France gît dans son agriculture, sa viticulture et son horticulture.

Nous pourrions cependant livrer une belle bataille, dont la résurrection de notre empire des vins et ce riche nourrisson qui s'appelle « Angleterre » seraient le prix.

Mais, à cette condition :

Que la France comprendra que, désormais, ou pour bien longtemps, son salut gît dans son *agriculture*, sa *viticulture* et son *horticulture*;

Conditions auxquelles ce salut peut être trouvé.

Que toutes les forces vives de la nation doivent être concentrées sur son agriculture, sa viticulture et son horticulture; parce que, pour les raisons que j'en ai fournies plus haut, la France *étant en retard d'au moins trente ans* sur l'Allemagne et les Etats-Unis et de *vingt sur l'Angleterre*, au point de vue de *son outillage technique et pratique*, il lui est matériellement impossible de rattraper ses adversaires d'ici même vingt ans, sans efforts et sacrifices qui, au contraire, *appliqués sur son sol* en feront jaillir très vite des produits *dont le similaire n'existe nulle part; tandis que le similaire de l'industrie existe partout*;

Que tout sera tenté pour mettre notre agriculture et notre horticulture à l'unisson de l'agriculture et de l'horticulture de l'Angleterre et des Etats-Unis, où la viticulture n'existe pas sérieusement.

Que l'Etat décrétera d'abord la constitution d'un Conseil technique *choisi parmi les membres de l'Académie des sciences*, conseil destiné à enterrer définitivement *routine, reboutage, nécromancie*; bref *tout l'arsenal des imbécillités* auxquelles l'agriculture doit *son retard* et la viticulture ses hontes et ses ruines.

Que l'Etat décrétera un emprunt national destiné à développer et à soutenir notre agriculture, notre viticulture et notre horticulture, ces *trois vieilles mamelles* de la France, et qu'il forcera les chemins de fer à nous aider, au lieu de les autoriser à prélever sur nous des *dîmes* encore plus iniques que celles de nos anciens maîtres et seigneurs!

Que des *élévators* seront créés dans les grands centres à céréales;

Que, *dans chaque commune, six hommes des champs, deux vignerons, deux agriculteurs et deux horticulteurs*, nommés par leurs concitoyens, non à cause de leurs opinions mais de leur capacité, se réuniront chaque dimanche à la mairie pour y *résumer les observations de la semaine;*

Que dans chaque chef-lieu d'arrondissement de France sera créé un *bureau d'observations* sur le modèle des mêmes bureaux aux Etats-Unis; bureau d'observations en communication *avec tous les autres bureaux de France*, par *télégraphe et téléphone*, qui *recevra toutes les communications des bureaux des communes* et en enverra, chaque semaine, le *résumé* au *ministère de l'Agriculture*, où doit être *créée une direction spéciale*, composée d'hommes de la plus grande valeur qui, dans cette masse d'informations journalières fournies par gens du métier, puiseront tous les renseignements indispensables à tout ministre dont la légitime ambition est de marcher sur les traces d'un *Sully* ou d'un *Colbert;*

Qu'agriculture, viticulture, horticulture, industrie et commerce n'étant que les différents constituants de cet être qui s'appelle la *Richesse nationale*, les ministères de l'Agriculture, du Commerce et de l'Industrie devraient être concentrés en un seul ministère : celui de la *Richesse publique*.

Nécessité pour la viticulture de se dessiller les yeux.

Qu'enfin, la viticulture française entend se dessiller les yeux et ne plus voir *un traître ou un idiot* dans quiconque veut lui montrer que si elle persiste à refuser la lumière, c'en est fait de la *race de nos vignes françaises* et de la *race de nos vins!*

Que notre agriculture et notre horticulture secoueront la routine et voudront vite l'échanger contre un outillage technique et pratique qui leur permettra de perfectionner la qualité de nos inimitables produits et de lutter avec succès contre tous ceux des concurrents qui, peu à peu, veulent accaparer notre nourrisson : l'Angleterre.

Que nous ne continuerons plus à nous pâmer devant ceux

que nous avons fait monter au Capitole quand nous les trou-
verons en défaut, et nous bornerons à leur en confier la garde
s'ils ne méritent pas honneur plus grand : le *salut public avant
tout!*

N'étant pas assez vaniteux pour être modeste, je ne recule
pas plus aujourd'hui qu'il y a vingt-cinq ans pour rentrer en
scène, dénoncer le péril viticole et redire : que, le premier en
France, j'osai porter la main sur le greffage et les bouillies et
en montrer les impuissances et les dangers.

J'avais qualité pour leur déclarer la guerre, puisque, d'un
désert, j'avais su faire surgir le *premier vin* de France.

Au prix de ma fortune et de ma santé, j'entrepris cette croi-
sade. Je convertis mon vignoble en un *vaste champ d'expériences* où, *sur ma propre peau* et non *celle des autres*, comme
l'ont fait ceux qui s'arrogèrent le droit de diriger notre viticulture, j'expérimentai en grand toutes mes découvertes avant
de dire aux vignerons : « Suivez-moi. »

Pour parler vignes, il *faut connaître à fond le vin;* parce
que, sans cette éducation, on ne peut pas plus juger de la
valeur d'un cépage ou d'un terrain qu'un aveugle des couleurs.

Ce n'est pas à un pays où l'on ne cultive et l'on ne boit que
du *bleu à quatre sols le litre* qu'on devait aller demander la
lumière; quand il s'agissait, en touchant au fin bourgeon de
France, de compromettre la race de vins qui se payaient souvent *5,000 francs le tonneau* au *sortir de la cuve,* et 10, 15, 20,
30 francs la bouteille dix, quinze, vingt ans après!

<table>
<tr><td>

*Pour se permettre
de parler vigne
il faut commencer
par connaître le vin.*

</td><td>

Pour se prononcer sur la valeur d'un cépage, il faut trente
ans :

15, jusqu'au moment où la vigne n'*aura plus nom de plante;*
 3, pour le temps où un vin fin doit rester en barrique;
12, pour suivre l'évolution d'un vin *dans la bouteille.*

</td></tr>
</table>

Un vin qui, en primeur, a coûté 5,000 francs le tonneau, ne
se boit pas comme du bleu (quinze jours après être sorti de la
cuve) et demande tout ce temps-là pour montrer qu'il a su
sortir *vainqueur de l'épreuve du verre* et mériter *le nom de
grand!*

Par conséquent, quand on se permettait, *après une simple
année,* et parce qu'on en avait goûté quelques graines, de re-
commander un cépage, on commettait une monstrueuse bévue
greffée sur une vraie scélératesse *passible des tribunaux:*
tromperie sur la qualité de la chose vendue.

Après, pour juger ce vin, dont l'expérience aurait dû porter
sur au moins une *production* annuelle de plusieurs barriques,
il aurait fallu de *vrais courtiers* rompus à l'art si difficile de la

dégustation; art qui exige non seulement des prédispositions naturelles, mais une pratique incessante sur vins de toutes variétés et de grandes années, pour *avoir constamment sujets de comparaison* et fournir une opinion sérieuse et non une blague lancée en l'air, qui fait hausser les épaules à celui qui sait bien déguster.

J'ai donc le droit de venir adjurer mes confrères en Cabernet sauvignon de bien remarquer ceci :

Qu'*Américains,* *Anglais* et *Allemands* visent à pouvoir se passer absolument de nos vins, et que toutes les forces vives de ceux qui exploitent ce mot : « *Patriotisme,* » pour pousser au *protectionnisme,* se sont mises en jeu afin de faire avaler au consommateur le *vin national,* sorte de *boisson* que ces grands patriotes se garderaient bien, et ils n'auraient pas tort, de faire entrer dans leur estomac!

La France va se voir fermer tous les marchés si elle ne reproduit pas les grands vins d'autrefois.

Par conséquent, les vignerons français peuvent s'attendre à ceci :

Que ces marchés finiront par leur être *absolument fermés* s'ils ne fournissent pas preuves matérielles aux consommateurs, à qui le patriotisme ne suffit pas pour trouver que du bleu vaut un vrai rubis, que nous, vignerons français, nous sommes, coûte que coûte, bien décidés à *reproduire les grands nectars d'autrefois.*

Qu'on le veuille ou non, tout vin, issu de vignes greffées et traitées aux bouillies, est un *vin incomplet,* un vin issu d'une race *bâtarde,* issu d'un *métis,* et un vin frappé *de dégénérescence,* parce que toutes les synthèses, dont la feuille est le siège, sont viciées par les applications réitérées de bouillies.

Ces vins, le premier j'ai signalé ces faits, *loin de vieillir en bouteilles, y restent crus;* crus d'une crudité qui rappelle celle des vins qu'une *gelée* a frappés en pleines vendanges, non la gelée mortelle, mais la gelée à 0-1.

Nul négociant impartial ne saurait nier que si, en barrique, le vin a pu *l'emballer,* dès que ce vin entre en contact avec le verre, la désillusion commence et la peur l'assaillit.

Le *vieillissement,* cette *bonification* sur laquelle *repose le commerce des grands vins,* ne s'y *produit pas.*

Les vins de vignes greffées et les vins de vignes traitées avec bouillies restent crus et ne se bonifient pas en bouteille.

Bien plus encore : quand un vin provient de vignes greffées et de vignes françaises, bien que ces vins soient *exempts de tourne, de pousse, de casse,* dès qu'*on les marie* à l'âge de deux ans, une sorte de guerre éclate entre ces deux vins; l'on voit qu'*ils ne se marient pas* et en arrivent à certains troubles qui ne se *définissent pas;* mais se voient et se touchent : une sorte de *quatrième casse.*

De là, ces plaintes incessantes des négociants étrangers, qui s'en vont jusqu'à dire que les Français ne font maintenant des vins qu'avec du *bois de campêche* (log woodt), parce qu'ils ne peuvent pas comprendre pourquoi le vin d'*aujourd'hui ne se comporte plus* en bouteilles, même quand il n'a *aucune maladie, aucun ferment figuré ou non,* comme il se comportait et surtout se goûtait autrefois.

Pour ne pas blesser certaines personnalités la France doit-elle tomber en banqueroute?

L'étranger n'est pas composé d'imbéciles. Partout nous trouvons, aujourd'hui, à qui parler, et même des peuples qui nous ont passé par-dessus les épaules et la tête.

Devons-nous, pour complaire à la routine ou ne pas froisser certaines personnalités, finalement abdiquer, tomber en quenouille dans le ruisseau et la misère, ou remonter sur notre bête et montrer à tous que le *génie français* n'est point dégénéré?

Assez, assez de cette honteuse farce qui consistait à vouloir me fermer la bouche et à mettre mon vignoble en interdit comme une léproserie du Moyen-Age et à me traiter de mauvais Français quand je venais, science en mains, la *loi de Berthier* dans l'une, et des *lois d'optique physique* dans l'autre, démontrer : que du greffage de plant français sur porte-greffes américains naîtrait une *nouvelle vigne,* et, comme conséquence, un *nouveau vin,* vin *inférieur à l'ancien.*

Assez, assez de ces coups de pieds de l'âne qu'auraient dû, charité bien entendue commençant par soi-même, s'appliquer ceux qui me les allongeaient si libéralement; et cela parce que je prouvais qu'en modifiant *couleur, opacité, épaisseur* et *policité* de la feuille et en arrondissant la pointe des épines par de petits globules de bouillies qui empêchent cette petite épine de jouer le rôle de *paratonnerre* et d'émettre des rayons cathodiques, on viciait toute la *radiophotochimie* de la feuille.

Pareil ostracisme est l'acte de vrais sauvages et est indigne d'un pays civilisé.

La France doit choisir entre l'Institut et l'empirisme.

Sans doute je n'ai jamais mis les pouces, et, coûte que coûte, j'ai toujours marché de l'avant; mais enfin, seul contre tous, sauf l'appui de quelques grands savants, que pouvais-je faire pour convaincre des millions de vignerons qu'on avait ensorcelés?

Aujourd'hui, je ne suis plus isolé : « *Vous soutenez le bon combat,* » m'écrivait dernièrement un membre de l'Académie des Sciences; je ne prêche plus au désert; on ne peut pas étouffer la voix de deux membres de l'Institut, MM. Gaston

Bonnier et Armand Gauthier, ni celle de L. Dame, de J. Jurie,
de Hugo de Vries, le grand botaniste hollandais; celle de
M. Posternak et de tant d'autres.

On ne peut pas mettre sous le boisseau l'équation de Posternak que présenta, le 24 août dernier, à l'Académie des
Sciences, M. Armand Gauthier.

Nous ne vivons plus en France sous Louis XI; il n'y a plus
d'oubliettes ni de cages de fer pour enterrer ou enfermer ceux
qui essaient de soulever un coin du voile qui couvre encore
tant de mystérieux phénomènes.

Par une vision dont la portée philosophique est non moins
importante que la portée scientifique et économique, L. Daniel,
tout simplement un homme de génie et professeur à la Faculté
de Rennes, a songé à faire varier, par la greffe, la création,
dans la *forme*, le *goût*, les *couleurs* et les *époques* de *maturité*
de toutes les espèces, et y est déjà parvenu pour un nombre
considérable de plantes.

Il fait passer l'*atropine* d'une solanée dans une pomme de
terre toute prête à empoisonner l'esprit fort qui se risquera à
nier le miracle.

D'un chou rond greffé sur un chou pointu, et d'un pointu
sur un rond, il *interchange les formes*.

De même pour haricots, tomates sur aubergines, aubergines
sur tomates, choux, raves et navets, etc.

Par faits qui se touchent, se voient, se boivent et se mangent, L. Daniel prouve, en recourant à une autre méthode que
la mienne, la *fixation de variations réciproques* entre sujets
et greffons de plantes associées par la greffe; démontre
qu'elles échangent leurs caractères propres; que leur *personnalité*, leur *autonomie* disparaissent, pour faire place à de
nouveaux caractères et de nouvelles propriétés; enfin, qu'*il y a
hérédité acquise*, etc.

M. Jurie, homme de haute valeur, vient de fournir un
exemple saisissant de modifications profondes de *morphologie*
et de villosité sur feuilles d'un *Sémillon français* greffé sur un
Rupestris du Lot.

MM. Gaston Bonnier, Armand Gauthier, Hugo de Vries ont
prouvé, expliqué ces réciprocités de fixations.

Prétendre aujourd'hui que le meilleur moyen de préserver,
de perpétuer une espèce, c'est de la greffer, est naïveté aussi
grande que de vouloir traire un bouc.

Cette vieille histoire n'est plus à la mode. Darwin aurait
bien mieux fait de ne pas la raconter, car elle ébrèche rudement son infaillibilité.

*Les fixations
de variations
entre sujets et greffons
démontrées
par membres
de l'Académie
des Sciences :
L. Daniel, Jurie et
Hugo de Vries.*

*Erreur de Darwin
sur la greffe.*

Et elle coûte bien cher à ceux qui ont cru que, par le greffage sur sujets américains, ils préserveraient leurs vignes du phylloxera.

On en est réduit, aujourd'hui, à traiter au sulfure de carbone *plus de moitié des vignes greffées,* parce que l'on s'est enfin aperçu, ce que je signalai dès 1887, que le porte-greffe s'étant *francisé* pendant que le greffon s'*américanisait,* l'*immunité phylloxérique* n'était qu'un leurre, tout comme la reconstitution par le greffage ne fut jamais qu'une stupéfiante et ruineuse mystification!

Les Bourguignons et tant d'autres commencent à s'en apercevoir; seulement, c'est bien tard!

De son côté, M. Posternak est venu, par son équation présentée à l'Institut, prouver, et en a fourni preuves matérielles, « que les bouillies contrecarraient la phosphosynthèse des phosphates minéraux si *utiles aux matériaux de réserve.* »

Equations de Posternak, qui démontre que les bouillies portent atteinte à la fonction chlorophyllienne.

Tous les euphémismes employés pour atténuer la portée du coup de massue appliquée par les travaux de M. Posternak sur la tête des bouillies et de ceux qui les préconisent, n'empêcheront pas que ces *phosphates inorganiques,* si religieusement enfouis tous les ans dans le sol par tant de malheureux et crédules vignerons, n'y soient pour le roi de Prusse et ne *restent pas dans ce même état dans la feuille au lieu d'y être transformés en substances organisées.*

Tous ces détours, ces circonlocutions, ces menottes, ces bâillons n'empêcheront pas que moi, Bellot des Minières, je n'aie pas, dès 1887 et 1888 ,et même avant, prouvé, par une expérience inattaquable, que ce n'était pas seulement *un élément,* mais bien *tous* les éléments *dialysés par racines intactes* et nécessaires à *une espèce,* que les bouillies empêchent d'être *intégralement métamorphosés en substances organisées;* insuccès dont la conséquence est de diminuer d'une manière fort sensible — ce que j'ai souvent répété, démontré — la *quantité d'alcool* que le *même cépage aurait fournie s'il n'eût pas été soumis aux dites bouillies,* et d'ajouter à cette diminution d'alcool le principe d'*une dégénérescence* que la *bouteille rend de plus en plus sensible à mesure que le vin prend de l'âge.*

Escamoter la vérité n'est plus possible aujourd'hui.

De même, encore, que nul ne peut nier que je ne sois pas le premier, et le *seul,* qui aie songé aux solutions à *l'ammoniure* et démontré : que non seulement elles *respectent intégralement la fonction chlorophyllienne;* mais, de plus, déterminaient un acte *considérable de nutrition par les azotites;* nutrition qui vient au secours de la plante pendant toute la période où elle sera aux prises avec les cryptogames qui en *sucent la vie.*

Tout cela ne peut ni se nier ni s'enterrer, et si l'on n'en prend pas bonne note, c'est l'huissier qui présentera la sienne aux vignerons encrassés dans la routine.

Tandis que les *jeunes vignerons,* qui sauront fuir la routine, *réduire leurs vignobles* aux terrains qui font le meilleur vin et bannir les vignes greffées, reverront les jours heureux d'autrefois.

Voilà ce qu'auraient dû comprendre les corporations chargées des intérêts de la viticulture quand phylloxera et maladies cryptogamiques s'abattirent sur nous.

Ils auraient rassuré et rassureraient encore les consommateurs étrangers, s'ils leur disaient que c'est à la *donnée scientifique,* à *l'amour du travail,* à *l'honnêteté professionnelle* et non à Syndicats, à ports francs, à Société d'admiration mutuelle qu'ils comptent demander la qualité de nos produits!

Si tout marche comme sur des roulettes, pourquoi donc tous ces gémissements, cette agitation et cette création d'un port franc destiné à sauver la région du Sud-Ouest?

Quel serait le but de cette comédie, si un cancer ne nous rongeait pas?

Eh bien, moi, quand j'ai vu cette région qui m'est si chère filer à grands pas à la dérive et menacer de sombrer, je n'ai pas craint, *par expériences et études ruineuses,* de vouloir prévenir ce naufrage; et je maintiens que si l'on m'eût écouté, nous aurions toujours nos vieilles vignes françaises et nos anciens et solides vins.

On n'avait pas besoin d'arracher la vigne française.

L'expérience de Haut-Bailly suffirait à démontrer qu'on pouvait, en sachant s'y prendre, conserver, *en tous terrains,* la vigne française, grâce au sulfure de carbone qui, loin de *stériliser* le sol, comme l'avaient prétendu ceux qui poussaient à l'extermination de nos vieilles vignes, l'engraisse et permet d'économiser 100 0/0 de nos fumures : *découverte qui est encore mienne* et m'a pas mal coûté!

Pour réparer ces désastres, il faut revenir aux *vignes et aux vins du passé,* et substituer aux bouillies, qui contribuent à *augmenter la dégénérescence dont le greffage sur américains frappe déjà nos vins,* les solutions à l'ammoniure.

Indispensabilité de revenir aux vignes et aux vins du passé. Les bouillies frappent les vins de dégénérescence. Les solutions à l'ammoniure, au contraire,

Avec les bouillies, on perd *un degré d'alcool* au delà d'un *premier traitement;* au-dessus de *trois* traitements, on en perd 4 ou 5 degrés. *C'est un fait* que nul n'osera nier.

Il faut encore creuser, en Gironde, un *port* digne de notre région du Sud-Ouest, port où pourra entrer, comme un *rapide*

leur donnent de la vie.

dans une gare, le *navire moderne,* le navire de 5 à 15,000 tonnes et de 400 à 700 pieds de long.

Il faut, de notre paradis terrestre, faire le plus *beau jardin du monde* et rendre toutes les nations esclaves de nos produits.

Pour travailler cet immense enclos et n'y jamais laisser pousser d'ivraie, *ayons des bras,* et pour en avoir, imitons l'Angleterre qui, en moins de trente-deux ans, a porté sa population de *27 millions* d'âmes *à 40!*

Faisons donc des enfants au lieu de les défaire; gardons-les pour notre beau pays, et ne les poussons pas à aller cultiver le Congo ou le Sahara et les marécages du noir continent, pour lesquels nos peaux blanches ne furent jamais faites!

Arrivons sans hésitation à une alliance offensive et défensive avec l'Angleterre.

Ouvrons franchement nos ports à l'Angleterre, puisqu'elle nous ouvre les siens, et, non moins fraternellement, ouvrons-lui nos mains pour presser les siennes tout aussi cordialement que le roi Edouard pressa les nôtres quand il appliqua son coup de barre, vrai coup de maître par lequel il a prouvé qu'il sait donner le pas à la science sur la politique; qu'il n'entend pas être *le second dans Rome;* comprend que la vraie force de la France gît dans son esprit chevaleresque, son génie et son agriculture, sa viticulture et son horticulture; qu'en *cas de guerre,* nous sommes là pour la *ravitailler* aussi facilement qu'en *temps de paix;* qu'avoir, à nous deux, la *Manche,* par *Douvres et Calais, Cherbourg et Plymouth, Brest et Portsmouth,* c'est posséder les clefs d'un canal qui commande encore plus au trafic du monde entier que celui de *Suez* ou de *Panama;* et enfin, qu'il veut mériter la place que lui assigne déjà l'histoire : celle du plus grand roi qu'ait eu l'Angleterre *depuis les Tudors.*

La France est le Ravitailleur naturel de l'Angleterre.

Le titre du roi Edouard VII à voir son nom buriné sur le bronze ou l'airain, est d'avoir bien compris — chose que nul homme d'Etat anglais, sauf Fox, ne réalisa jamais — qu'une guerre, surtout en l'an 1900, entre la France et l'Angleterre, ne pourrait être qu'une monstrueuse bestialité greffée sur un monstrueux outrage à la civilisation.

Son titre est encore d'avoir vu que *Douvres* et *Calais* furent providentiellement placés *en face l'un de l'autre,* non pour se regarder en *chiens de faïence* et se réciproquement bombarder; mais, au contraire, pour garder ensemble *l'entrée ou la sortie de la Manche* et y croiser leurs feux quand l'*Union Jack* et le drapeau tricolore en donneront le signal!

D'avoir réalisé que l'anéantissement de la marine française — après la revue de Spithead, lors du jubilé de la Reine, rêve si amoureusement caressé par deux hommes d'Etat placés en vedette et qui, perpétuellement, visent à se dévisser, rêve dont la réalisation, pendant les heures d'angoisse de Fashoda, ne tint même pas à un cheveu — mettait tout simplement l'Angleterre à la *discrétion de ses deux rivaux;*

Que cet anéantissement allait la placer en face de quatre nations qui ont des intérêts *opposés aux siens :* l'Allemagne, les Etats-Unis, la Russie et l'Italie, dont les marines combinées forment un *total supérieur* à celui de ses flottes et lui enlèvent, par conséquent, *the command of the sea,* le contrôle de la mer; qu'avec l'*appoint de la marine française* elle peut parfaitement maintenir, et *avec succès,* envers et contre tout venant!

D'avoir compris que par la France, elle tient toujours en main son *Empire des Indes;* ces Indes dont jamais ne souffle mot M. Chamberlain dans sa compagne actuelle; toutes ses préoccupations roulant sur le *Cap,* le *Canada* et l'*Australie* qui, comme l'anguille de Melun, lui échapperont *d'autant plus vite qu'il s'efforcera de plus les presser!*

De s'être rappelé que la France, ce qu'elle fit en 1857 lors de la grande rébellion des Indes, en lui offrant le *passage de ses troupes,* lui permet de gagner *dix jours* et de se rappeler encore qu'avoir par nos ports toujours la Méditerranée libre pour ravitailler d'hommes et de vivres, les troupes qu'elle aurait à y envoyer, c'est ressource bien précieuse que, seule, la France peut lui offrir.

La France est la route la plus courte qu'ait l'Angleterre pour l'envoi de troupes dans les Indes et pour leur ravitaillement.

D'avoir saisi que les mêmes raisons qui font que l'Angleterre est la meilleure des colonies de la France, font, qu'à son tour, la France peut devenir la meilleure des colonies de l'Angleterre; parce que, plus la nourrice enverra de marchandises à son nourrisson, plus celui-ci, à son tour, en vendra à sa nourrice;

Que la chose est mathématiquement certaine si l'Angleterre *maintient ses portes ouvertes;* parce que les matières premières continuant à lui arriver à bas prix, elle pourra d'autant mieux nous fournir les produits que nous sommes forcés de demander à nos vainqueurs grâce à l'encrassement de nos cervelles, que ses illustres maîtres ne craignant pas, ce que font pas mal des nôtres, de *déroger* en *mettant au service de la nation les résultats de leurs travaux,* ont à l'unanimité résolu de *remettre à bref* délai et au point l'outillage technique de la Grande-Bretagne.

Voilà pourquoi Sa Majesté Edouard VII a droit à cette place dans l'histoire; et, n'eût-il que ce bon point en sa faveur : qu'il considère comme absolument atteint d'aliénation mentale tout *Anglais qui veut manger du Français* et tout *Français qui veut manger de l'Anglais,* que, pour mon compte, moi, vieux partisan de l'alliance anglo-française, je n'hésiterais pas à prendre le burin pour y inscrire, en caractères indélébiles, la grande leçon que le roi Edouard VII vient de donner à ces deux peuples de lions, que trop souvent des ânes pousseraient à s'entre-dévorer!

Ni les colonies anglaises, ni les autres nations ne peuvent lutter contre la France pour fournir à l'Angleterre la plus grande partie de sa subsistance.

N'oublions, n'oublions donc jamais que sur tous les *marchés* d'Angleterre, dans *toutes les halles*, chez *tous les marchands*, tous les produits qui viennent de France, *surtout les comestibles*, y sont toujours payés plus cher que les autres produits similaires.

N'oublions pas encore :

Que, de toutes les nations, la France est celle qui, à *vitesse égale*, peut, dans le moindre nombre d'heures, de minutes et de secondes, transporter une tonne de marchandises en Angleterre, puisqu'elle en est la plus proche voisine.

Surtout, retenons bien ceci :

Que d'Australie, du Cap, de l'Inde ou du Canada, il y a 4,000, 3,300, 3,000 et 1,500 lieues pour arriver en Angleterre, tandis que, de France, on compte à peine *quelques kilomètres!*

Par conséquent, nul n'est aussi bien placé que nous pour offrir à notre *nourrisson*, et à prix *qui défient toute concurrence*, des produits qui battent tous les autres par leurs exceptionnelles qualités.

Sol, radiation et proximité constituent à la France un monopole que nul autre peuple ne peut lui enlever si nous savons perfectionner nos produits de la terre.

Ces conditions constituent donc, au profit de la France, un *monopole* d'une incalculable valeur et monopole que nul ne peut lui disputer, parce que :

Aussi longtemps que la Manche ne s'élargira pas;

Que la Terre continuera à tourner dans les mêmes plans autour du soleil;

Que la France possèdera toujours un sol qui, sous le même angle, n'a de *similaire nulle part* pour la bonté de ses produits agricoles, viticoles et horticoles;

Que la France aura *ses côtes frappées par les flots de la Manche*, de l'*Océan* et de la *Méditerranée*, elle se trouvera, de par lois inéluctables de géométrie, d'optique physique et de topographie, non seulement le *pourvoyeur* naturel de l'Angleterre, mais aussi son *ravitailleur forcé en temps de guerre*.

Avec des colonies qui ont des 4,000, 3,000, 1,500 lieues à faire pour lui apporter sa subsistance, et autant pour le retour, l'Angleterre, eût-elle une marine trois fois plus puissante, ne pourrait pas protéger ces flottilles et risquerait tout simplement de crever de faim.

Avec la France à 30 kilomètres, même *son dessert* lui est assuré, et elle peut *disposer* de tous ses canons.

Avec la France pour alliée, le *cauchemar d'une invasion ne saurait plus la hanter;* tandis que la France et l'Allemagne étant unies et substituant aux *malheureux radeaux plats et à rame de Napoléon Ier, steamers à 25 nœuds à l'heure et sous-marins, une descente en Angleterre ne serait certainement pas besogne tout à fait impossible.*

Voilà ce que ne comprirent pas ceux qui, après le Jubilé, voulaient des coups de canon; mais ce qu'a saisi le roi par son coup de barre.

Sur aucun point du globe, la France n'a d'intérêts opposés à ceux de l'Angleterre; loin de là, même; *partout,* il y a preuves matérielles de leur solidarité; tandis que c'est tout l'opposé quand on étudie les rapports de l'Angleterre non seulement avec les autres peuples, mais même avec ses colonies qui, à un moment donné, voudront voler de leurs propres ailes vers leurs destinées; tout comme le font nos enfants quand ils s'envolent de leurs nids pour aller, à leur tour, en bâtir d'autres!

Alexandre, César, Charlemagne, Charles-Quint et Napoléon Ier perdirent leur latin à vouloir bâtir des Empires; parce que la *cohésion,* les plus illustres maîtres de l'Angleterre ne viennent-ils pas de le démontrer, n'existe pas plus dans le monde *inorganique* que dans le *monde organisé.*

La conception d'une dissipation de la matière, qui envahit les cerveaux d'aujourd'hui, s'applique tout aussi bien à la bête humaine qu'au coup de tonnerre qui, sauf parfois la mort, ne laisse rien de visible, de palpable, d'impondérable après lui.

La vieillesse et l'oubli, l'ingratitude, la satiété, ne sont-elles pas l'image de cette incessante désintégration et dissipation de la force intellectuelle et physique; dissipation des forces, des formes, de l'entendement, des passions, des sens, du sentiment, de l'amour, de la haine, de l'appétit, de la douleur, de l'amitié, de la reconnaissance, de tout ce qui anime cette bête qui, *sans son âme,* serait la brute la plus malfaisante et la plus redoutable de la création?

Avec son protectionnisme, l'arme favorite des *bêtes de proie* pour *plumer les bêtes de somme et les asservir,* M. Chamberlain voudrait faire faire machine en arrière à l'Angleterre, dont le génie, come celui de la France, a toujours consisté à faire machine en avant!

Pour l'honneur de nos deux pays, que le roi a su si heureusement rapprocher, espérons que l'Angleterre ne demandera qu'au génie de ses savants et à l'esprit d'entreprise de son

Avec la France pour alliée plus d'invasion à redouter.

Identité des intérêts anglais et français.

peuple, et nous, au génie de nos maîtres et aux bras de nos laboureurs, la résurrection de notre amitié et celle de notre ancienne prospérité; celle que nous fit connaître l'accord passé il y a quarante-trois ans : la porte ouverte!

En attendant, nous, Français, sachons exploiter ce *monopole* en faisant appel *aux cervelles* et *au travail;* infaillible moyen de palper gros revenus et de nous créer bien puissantes amitiés.

Rappelons-nous toujours qu'Anglais et Français ont donc réciproquement besoin les uns des autres; qu'une France agricole, viticole et horticole pourrait assister, impassible, aux drames que prépare l'expansion à outrance de l'industrie et des trusts.

Tout n'est pas couleur de rose dans l'industrie.

Elle a ses grèves.

La création, elle, ne chôme jamais.

En ses flancs, l'industrie porte le germe de sa ruine par les conditions que, précisément, la science lui fait chaque matin : celles de toucher à son outillage de la veille pour y enfoncer un nouveau clou ou en arracher un; clou qui, à la longue, dévore les bénéfices et aboutit à faire passer aux enchères établissements où millions ont été engloutis en incessantes améliorations; merveilles qui devenaient des rapsodies le lendemain.

L'agriculture est l'image de la vie; l'industrie, celle de la destruction, de la dissipation de la matière, de l'énergie, de l'électricité, qui, à chaque seconde, s'émiettent, s'effritent en buées invisibles, impalpables, impondérables, pour rentrer dans l'Infini, l'Eternité... Enigme dont Dieu seul, tient le secret!

L'Agriculture ne connaît pas les chômages et constitue la vraie richesse des nations, soit le revenu réel, tandis que souvent l'Industrie ne représente que le revenu supposé!

Bordeaux. — Impr. G. GOUNOUILHOU, 9-11, rue Guiraude.